AF229030

DISCOURS

DE

M. le Comte de MUN

Ce discours, prononcé à Saint-Mandé le dimanche 22 mai 1887, par M. le Comte de Mun, secrétaire-général de l'Œuvre des Cercles Catholiques d'Ouvriers, à l'occasion du 15ᵉ anniversaire de la fondation, est un appel en faveur de ceux qui souffrent, en même temps qu'un exposé de situation et un programme.

Il s'adresse aux ouvriers, aux patrons, aux industriels, aux propriétaires, aux hommes politiques et aux hommes du monde, catholiques, qui, tous, voudront le lire et l'étudier.

Messieurs,

Je remercie du fond du cœur celui qui vient, en termes si touchants, de m'adresser au nom des cercles catholiques de Paris...

Une voix. — De la France ! (*Bravos et vifs applaudissements.*)

M. le Comte Albert de Mun. — Je ne puis pas me plaindre de l'interruption, d'autant qu'elle me change un peu de celles auxquelles je suis habitué dans une autre assemblée. (*Rires et applaudissements.*)

Je vous remercie donc du fond du cœur de vos paroles, quoique j'aie, à vrai dire, quelque sujet de m'en plaindre, puisque vous avez dérogé à nos règles ordinaires en faisant paraître ma personne là où je voudrais qu'on n'aperçût jamais que l'association dont je suis le serviteur et le représentant au milieu de vous.

C'est à elle que je reporte le témoignage de vos ardentes sympathies, à tous ceux qui travaillent avec moi à l'œuvre commune, qui mettent avec moi leur dévouement au service de la classe ouvrière. (*Applaudissements.*)

Et je suis sûr, à mon tour, d'être leur interprète, je suis sûr de faire écho aux pensées qui agitent ici toutes les âmes en levant mon verre pour vous répondre d'un mot : Je bois à la délivrance du peuple. (*Bravos et vifs applaudissements.*)

Je bois à la délivrance du peuple, et je ne veux pas dire seulement les ouvriers de nos cercles, je ne veux pas dire seulement le peuple chrétien, si nombreux cependant, qui trop souvent s'ignore lui-même ; ma pensée va bien au-delà : elle va chercher, par une évocation volontaire, toute cette foule de travailleurs qui remplit les villes, qui peuple les usines, qui fouille les mines et les carrières, et, avec elle, tout ce peuple de paysans qui couvre les campagnes et qui arrache à la terre la nourriture de la nation (*Bravos et applaudissements*), tous, sans distinction, liés par l'intérêt commun d'une cause solidaire, tous livrés aux mêmes souffrances, inconscients cependant du poids qui les opprime, et qu'il faut nommer pour les en affranchir : c'est le joug de la Révolution. (*Nouveaux applaudissements.*)

Messieurs, c'est à ceux-là que je songeais pendant que je vous regardais, pressés autour des tables de ce banquet ; c'est cette foule qui passait devant mes yeux, cette foule qui ne vous connaît pas ou qui ne vous connaît que par la colomnie, qui rit de vous quand elle ne vous accuse pas de conspirer contre elle ; et, de son sein troublé, j'entendais sortir et monter jusqu'à mon cœur la clameur profonde de tous les déshérités, la menace de l'ouvrier las de sa lutte pour la vie, le cri de la mère que le travail de la fabrique arrache à la famille, le gémissement de l'enfant que la fièvre industrielle dévore avant l'âge, la plainte du paysan que son sillon ne suffit plus à nourrir, et que l'implacable loi du progrès révolutionnaire va demain laisser sans foyer. (*Vifs applaudissements.*)

J'entendais cette grande voix du prolétariat, de ces hommes sans famille et sans lendemain, qui se lève tumultueuse pour demander un changement, une réforme, un ordre de choses nouveau. (*Applaudissements.*)

Et, saisi d'une émotion qui grandit tandis que je vous parle, j'attendais qu'une parole me vînt aux lèvres pour répondre à toute cette angoisse, quand il m'a semblé tout à coup, en face de cette foule, voir paraître la figure du Christ Sauveur, debout comme autrefois sur la montagne, jetant un regard sur le peuple qui l'environne, et répétant le cri de son âme divine : *Misereor super turbam. (Bravos et applaudissements.)* J'ai pitié de cette foule, pitié de ce peuple qui a faim, non-seulement du pain de son corps, mais du pain de son âme, et c'est moi qui le nourrirai. (*Vifs applaudissements.*)

Voilà la parole que j'attendais ! voilà le cri libérateur qui a traversé les âges et qui a ouvert sur le monde, en y jetant la semence du christianisme, le règne de la justice et de la charité. (*Nouveaux applaudissements.*)

Messieurs, qui que vous soyez, dans cette salle, ouvriers, patrons, industriels, propriétaires, hommes politiques et hommes du monde, dès lors que vous êtes catholiques, voilà votre loi : « Pitié et justice pour le peuple au nom de Jésus-Christ. » (*Bravos et applaudissements.*) C'est la devise de notre œuvre.

Vous savez, pour la plupart, ce qu'elle a déjà fait pour y répondre. Je l'ai exposé largement dans la dernière réunion que nous avons tenue cette année, au cercle Montparnasse. Je ne puis pas me répéter ici. Je veux cependant, en quatre mots, vous rappeler où nous en sommes.

Nous avons en France environ quatre cents cercles catholiques, qui sont autant d'associations populaires où vont se recruter nos corporations chrétiennes d'arts et métiers ; à la faveur de la loi sur les syndicats professionnels, dont nous n'avons pas hésité à nous servir, comme c'était notre droit, celles-ci ont pris rapidement leur essor et nous avons aujourd'hui, déjà, plus de cinquante corporations en plein exercice, sans compter que nous avons pris notre large part du mouvement qui entraîne les populations rurales vers la la création des syndicats agricoles et que nous en comptons, depuis un an, trente au moins, qui sont bien nettement et ouvertement chrétiens : enfin cinquante usines de diverse nature ont commencé à s'organiser chrétiennement, et formeront bientôt autant de corporations industrielles analogues à celle du Val-des-Bois. (*Bravos et vifs applaudissements.*)

Une voix. — Vive M. Harmel ! (*Acclamations. — Double salve d'applaudissements.*)

M. le comte Albert de Mun. — Oui, vous avez bien raison d'acclamer M. Harmel, qui est certainement caché, là, quelque part au milieu de vous (*rires et applaudissements*), et qui avait, il y a quinze jours à peine, l'honneur insigne, en faisant les honneurs de son usine au cardinal archevêque de Baltimore et en lui montrant ce que font en France les ouvriers chrétiens, d'entendre l'illustre protecteur des ouvriers américains lui promettre d'emporter dans le nouveau monde son souvenir et son exemple. (*Bravos et applaud.*)

Une voix. — Vive le bon père ! (*Nouveaux applaud.*)

M. le comte Albert de Mun. — Il importe beaucoup, Messieurs, que vous soyez au courant de ces résultats ; et c'est pourquoi je les ai précisés par des chiffres afin que, sortis d'ici, vous puissiez répondre par des faits, par des preuves palpables, aux questions de vos camarades, à l'intérêt de ceux qui vous sont sympathiques, aux attaques ou aux railleries de ceux qui vous sont hostiles.

Ce n'est pas peu de chose, dans un temps comme le nôtre, n'ayant pour nous, je n'ai pas besoin de le dire, aucune des facilités qu'apportent les faveurs et les encouragements officiels (*sourires*), bien au contraire ; ayant contre nous, ce qui est bien plus redoutable, l'indifférence systématique ou la méfiance dictée par la calomnie, ce n'est pas peu de chose d'avoir, à force de bonne volonté, de zèle et de courage, créé déjà près de 150 groupements professionnels et donné ainsi le signal de la réorganisation chrétienne du travail ! (*Vifs applaudissements.*)

Mais ce n'est pas tout, Messieurs : l'étude a marché de pair avec l'action et il ne tient pas à nous, j'y insiste parce qu'il faut qu'en ces matières les responsabilités soient bien nettement établies, il ne tient pas à nous que les réformes législatives si souvent réclamées, si souvent promises, ne soient enfin accomplies.

On demande des lois protectrices contre les accidents, les conséquences de la vieillesse et de la maladie ; on demande des lois pour empêcher l'abus des forces de l'homme, protéger le foyer de l'ouvrier, limiter le travail des femmes, prévenir le travail prématuré des enfants, garantir la petite propriété et préserver de la dispersion la famille rurale ; ce n'est pas notre faute si elles ne sont pas faites. — (C'est vrai ! *Applaudissements.*)

J'avais pris ici-même, devant vous, l'engagement de les proposer : je l'ai fait, et je m'honore de pouvoir saluer autour de moi quelques-uns de mes collègues qui ont bien voulu les signer avec moi. (*Bravos et applaudissements.*) Elles ont été proposées, et si elles n'ont pas encore été discutées publiquement, ce n'est pas nous qui en sommes responsables. (*Vifs applaudissements.*)

Voilà ce que nous avons fait. Ce n'est qu'un commencement. Pendant les quelques jours qui viennent de s'écouler, nous avons, entre nous, dans des réunions intimes des agents les plus actifs de notre œuvre, arrêté soigneusement, comme dans un conseil de guerre, la marche de nos travaux pour l'année qui nous sépare de notre prochaine assemblée, et vous verrez, j'espère, par les résultats, que nous n'aurons pas ménagé nos efforts. Parmi ces résolutions, il en est une dont il faut, dès à présent, que vous soyez informés, afin que vous puissiez vous y associer et nous aider à la réaliser.

Je vous demande de préparer avec nous, pour l'année 1889, à l'occasion du centenaire dont on organise la célébration, une grande manifestation chrétienne, où nous proclamerons ensemble les droits de Dieu en face des droits de l'homme. (*Bravos et applaudissements.*)

Je vous donne rendez-vous, ce jour-là, à vous, à nos amis de toute la France, aux patrons, aux industriels chrétiens, aux délégués de nos cercles, aux représentants de nos corporations, et c'est pour marquer à l'avance le caractère et le programme de notre réunion que j'ai bu tout-à-l'heure à la délivrance du peuple. (*Vifs applaudissements.*)

Pour préparer cette manifestation, Messieurs, nous commencerons sans retard une campagne de conférences, de réunions publiques ou privées, de banquets, de propagande infatigable, dont l'objet unique, la conclusion commune sera de démontrer, non pas par des phrases, mais par des faits, la banqueroute, la faillite de la Révolution. *(Bravos et applaudissements.)*

Et ici, Messieurs, il faut bien nous entendre. Quand je parle de la révolution, je veux dire la révolution de 1789.

C'est une erreur, à mon avis, une erreur très répandue, d'établir là dessus des distinctions que je crois impossibles. J'ai entendu très souvent des hommes qui se déclaraient les ennemis de la Révolution, des hommes très effrayés de ses conséquences, des hommes, même très sincèrement chrétiens, dire qu'ils acceptaient 1789, qu'ils s'en réclamaient, mais qu'ils répudiaient 1792. J'en ai entendu d'autres — j'en ai entendu parmi les républicains, parmi ceux qui préparent la fête du centenaire — dire, au contraire, qu'ils ne sont pas de 1789, qu'ils trouvent cette Révolution-là insuffisante, trop bourgeoise, trop monarchique, et qu'ils entendent se réclamer de 1792.

Je crois que les uns et les autres se trompent. Les violences, les crimes, les transformations politiques accomplis en 1792, en 1793, ce sont des incidents de l'époque révolutionnaire, ce sont des événements, ce sont des faits qui l'ont agitée, troublée, qui ont modifié sa marche, ce n'est pas la Révolution ; c'est le renversement du trône, c'est le meurtre des personnes royales, c'est le massacre de tous ceux qui gênaient la Révolution, artisans, hommes du peuple, campagnards, aussi bien, beaucoup plus encore, que nobles et prêtres. — C'est vrai ! (*Applaudissem.*) — C'est la violence, mais encore une fois la Révolution n'est pas là. Elle est en

1789, et elle se manifeste par un système social, politique et économique éclos dans le cerveau des philosophes, sans souci de la tradition, et caractérisé par la négation du droit de Dieu sur la société publique. (*Applaudissements.*)

C'est là qu'est la Révolution, et c'est là qu'il faut l'attaquer, la prendre corps à corps pour montrer que son programme a été, je ne dis pas menteur, car beaucoup de ceux qui l'ont mis au jour étaient sincères, mais trompeur par les fruits qu'il a donnés. (*Vifs applaudissements.*)

J'avais l'autre jour sous mes yeux un de ces nombreux articles qui s'écrivent à propos du centenaire de 1789 ; celui-là était d'un homme considérable dans la politique et dans la presse, d'un académicien ; je puis vous le nommer, car je ne l'attaque en aucune façon : c'est M. John Lemoine.

Il parlait donc du centenaire, et de cette prise de la Bastille qui est le grand événement de l'année 1789, et rapprochant le fait, en lui-même si petit, si peu considérable, la capture sans combat de cette prison des nobles dont le peuple n'avait pas à souffrir, où l'on ne trouva que quelques détenus pour dettes et quelques fous, de l'émotion qu'elle produisit dans le monde et dont le souvenir a traversé tout un siècle, et se demandant pourquoi toute l'Europe frémit à cette nouvelle, pourquoi on s'embrassait dans toutes les capitales et jusque dans les rues de Saint-Pétersbourg, il disait : « C'est que ce fut un symbole, le signe de la Révolution, la marque extérieure de l'affranchissement du peuple. »

Messieurs, j'accepte le question ainsi posée : je demande qu'on n'essaye pas de donner le change, et d'invoquer, pour glorifier la Révolution, quelques réformes préparées de longue date, à moitié accomplies par le régime précédent, et dont elle a recueilli le bienfait, quand elle ne les a pas dénaturées ou empêché d'aboutir. Je demande qu'on reste sur ce terrain, l'affranchissement du peuple, puisque c'est le grand honneur qu'on découvre pour elle derrière ses violences, et qu'on démontre aux artisans des villes, aux ouvriers des usines, aux laboureurs de la campagne, que la Bastille, après s'être écroulée, n'a rien laissé surgir de ses ruines, et que le symbole a été trompeur comme la promesse était vaine. (*Vifs applaudissements.*)

Je demande que nous montrions au peuple, non pas seulement les crimes de la Révolution, mais le néant de ses bienfaits, de cette souveraineté même dont on l'a couvert comme d'un titre dérisoire et dont, jusqu'à présent, il a tiré pour lui-même un si mince profit. (*Rires et applaudissements.*)

Je veux qu'on lui demande ce que lui a rapporté l'application du principe révolutionnaire dans l'ordre politique, dans l'ordre religieux et dans l'ordre économique : dans l'ordre politique, des émeutes, des révoltes sanglantes dont il a payé les frais, des gouvernements renversés les uns après les autres sans que sa condition sociale en fût jamais changée. (*Bravos et applaudissements.*)

Dans l'ordre économique, les corporations détruites, la stabilité de la profession, la sécurité du lendemain supprimées du même coup, l'industrie livrée à la concurrence sans limites, au conflit brutal des intérêts égoïstes, et l'ouvrier flétri de ce nom de prolétaire, qu'on lui apprend à porter comme un titre de gloire et qui est comme l'étiquette de sa misère, car il veut dire que cet homme n'a plus à lui ni un foyer, ni une condition, ni un lendemain. (Très bien ! *Applaudissements.*)

Messieurs, n'y eût-il que cela, ce serait assez ! Je sais bien ce qu'on oppose, et les famines d'autrefois, d'un temps où il n'y avait pas de moyens rapides d'échange et de communication, et le luxe d'aujourd'hui, le paysan de La Bruyère et le reste ; mais je demande qu'on dise lequel est le plus libre, lequel a le plus de droits d'être fier de sa destinée, de celui qui appartient à un corps dans lequel il abrite sa vie et celle de sa famille, ou de celui qui vit au jour le jour, livré à tous les hasards de la concurrence, du chômage et de la ruine. (*Applaudissements.*)

Et, enfin, Messieurs, il y a l'ordre religieux. Là, j'en conviens, les promesses ont été tenues : je veux dire qu'on a fait, à peu près, tout le mal qu'on avait promis. *(Applaudissements.)* On a arraché Dieu à l'âme populaire : on a tué ses croyances, on l'a livré à ce despotisme de l'impiété qui s'appelle la libre-pensée. Eh ! bien, je demande au peuple ce qu'il a gagné, ce qu'il a trouvé dans ce nouvel état de son cœur de satisfaction, de consolation et de force. Je lui demande ce qu'il a gagné à ne plus avoir le repos du dimanche, à ne plus relever vers le ciel son front courbé par le travail, à ne plus reposer dans l'espérance d'une paix éternelle son âme épuisée par les fatigues de son corps. *(Applaudissements.)* Je lui demande ce qu'il a gagné à ne plus avoir, près de lui, la puissance de l'Église pour le protéger et son patrimoine pour l'assister. Je lui demande ce que la Révolution a mis à la place de cette protection et de cette assistance de l'Église. *(Vifs applaudissements.)*

Messieurs, je m'arrête : je ne fais pas une conférence ; j'indique le thème de toutes celles que je voudrais voir faire d'un bout de la France à l'autre. Mais ce n'est pas tout ce que je veux, tout ce que je dois vous dire.

Si nous ne sommes pas des hommes de la Révolution, des hommes de 89, que sommes-nous donc ? On a le droit de nous le demander, et j'ai le devoir de le dire sans détours, sans ambages, dans une explication bien franche et bien nette, qui ne laisse subsister aucun doute entre nous.

Le passé de la France, Messieurs, ce passé qui finit, qui disparaît en 1789, il n'y a personne qui ne puisse, qui ne doive l'aimer, l'honorer et le respecter. *(Bravos et applaudissements.)* Il a été plein de grandeur, de noblesse et de gloire ; il a porté notre nation au premier rang parmi les nations du monde. *(Applaudissements.)* Il s'y est mêlé, surtout dans les deux derniers siècles, de grandes erreurs, d'injustes abus et de longues corruptions. Nous les répudions comme nous admirons le reste, et dans ce passé, qui est le patrimoine national, le bien commun de tous, nous cherchons ce qui avait fait sa force pour en faire aussi celle de l'avenir, et jeter sur les fondements des temps anciens l'édifice des temps nouveaux. *(Vifs applaudissements.)*

Cette force, où donc était-elle ? Dans le principe chrétien, dont la constitution séculaire de la France était fortement, profondément pénétrée. *(Nouveaux applaudissements.)*

Voilà ce que nous demandons au passé, non pas pour

faire retourner la France en arrière, mais au contraire, dans ma conviction, pour la placer à la tête du mouvement qui marquera le vingtième siècle. Messieurs, il se fait de toutes parts, sous l'empire des grands bouleversements économiques qui ébranlent le monde, un changement profond, une révolution décisive. Bien aveugle qui ne le voit pas ! Qu'on l'appelle du nom qu'on voudra ! On m'a reproché d'avoir un jour choisi celui de « contre-Révolution », parce qu'il implique, aux yeux de beaucoup, l'idée d'un retour à l'ancien régime, qui est bien loin de ma pensée. Qu'on en découvre un meilleur, j'y consens. Ce qui reste, c'est qu'il faut travailler à une transformation sociale qui sera le contraire de la Révolution, parce qu'elle s'appuiera sur des principes nettement opposés. (*Applaudissements.*)

Voilà notre programme.

Messieurs, nous avons fait bien du chemin depuis vingt-cinq ans. Quand je suis entré dans la vie, j'étais, comme presque tous les hommes de ma génération, nourri, pénétré des principes de 1789 : cela était dans le bagage historique, intellectuel, littéraire de tout le monde : on n'était point révolutionnaire, mais on était de 89 ; on s'attachait à cette chimère, et beaucoup la conciliaient avec l'attachement à des formes politiques déchues. C'était sous l'empire : les esprits étaient distraits par la prospérité publique, par le spectacle de la richesse, pendant longtemps par la satisfaction de l'amour-propre national ; les questions sociales n'occupaient pas l'attention ; le mouvement socialiste grandissait dans l'ombre ; des penseurs, des écrivains, des orateurs catholiques étaient seuls à dénoncer le mal latent et les catastrophes prochaines. Elles sont venues ; le réveil a été rude. Il y a seize ans aujourd'hui, jour pour jour, qu'éclatait dans Paris la bataille qui déchirait les voiles et faisait apparaître tout à coup le gouffre, qui ne s'est pas fermé.

Le gouvernement était flottant, le pays sans direction, les lois ébranlées ; la force victorieuse demeurait impuissante ; la Révolution vaincue triomphait dans sa défaite d'un moment, et, seule, l'Église paraissait debout et assez forte pour lui résister. *(Vifs applaudissements.)*

C'est le fait qui a décidé de ma vie et de celle de bien d'autres. Ce jour-là, j'ai compris qu'il y avait, dans notre état social, des injustices profondes, des souffrances cruelles, des antagonismes déplorables, des spéculations révoltantes, et le grand cri de la rédemption, le *misereor super turbam,* a rempli mon âme d'ardeur et de foi. (*Applaudissements.*)

J'ai compris que le mal n'était pas seulement dans les faits, mais dans les principes ; et j'ai cherché, nous avons cherché dans l'œuvre qui venait de naître de ces grandes émotions, à nous rendre compte de la vérité sociale. C'est là que nous avons rompu avec 89. (*Applaudissements.*) Nous avons cessé de croire qu'on pût concilier l'attachement au principe de la Révolution avec le désir d'en conjurer les conséquences nécessaires, et nous n'avons plus voulu désormais demander le salut de notre pays qu'à la loi divine et à l'enseignement de l'Église. *(Applaudissements.)*

Messieurs, j'ai besoin d'ajouter un mot : je vous ai promis une explication loyale et franche ; il faut la compléter. Je crois que j'exprimerai, du reste, l'opinion de beaucoup d'entre vous. Chercher ainsi, dans les principes de l'Église, le salut de la France, est-ce, du même coup, se désintéresser de la forme de son gouvernement et de sa constitution politique ? Je ne l'ai jamais pensé, je ne l'ai jamais conseillé et je ne le pense pas encore aujourd'hui. Je vous ai pris pour confidents, j'irai jusqu'au bout. J'ai été profondément attaché au prince qui a si longtemps représenté devant le pays la splendide image de la monarchie chrétienne. *(Bravos et vifs applaudissements.)* Je l'ai servi avec fidélité et je suis resté, depuis sa mort, je resterai toujours le serviteur du droit et de l'hérédité monarchiques. (*Nouveaux applaudissements.)*

Je demeure fidèle à mes convictions, et je crois encore, je croirai toujours qu'un vieux pays comme la France ne peut pas retrouver sa prospérité et sa grandeur hors de ses voies traditionnelles. Mais j'ajoute, parce que sans cela ma profession de foi ne serait pas entière, j'ajoute que quel que soit le gouvernement, quel que soit son nom ou sa source, s'il n'est fermement chrétien, s'il n'est le sergent du Christ et le soldat de l'Église *(bravos et vifs applaudissements)*, s'il n'est fondé sur le respect et l'application de la loi divine, c'est un gouvernement caduc, qui trahira sa mission, qui manquera à sa tâche et qui ne vivra pas. *(Nouveaux applaudissements.)*

Voilà ma confession. Je vous la devais tout entière, parce que le temps est passé où l'on pouvait se cacher derrière des réserves, parce que je vous parle comme à des hommes, comme à des amis, parce qu'enfin il faut qu'on sache qui nous sommes et ce que nous voulons, et je me tourne vers vous, Messieurs, qui voulez bien venir ici pour représenter la presse au milieu de nous ; je vous en prie, prenez note de ces paroles et répétez-les au dehors ; je ne demande pas que tous le monde pense comme nous, je comprends qu'on nous discute, qu'on nous attaque ; mais je demande qu'on ne dénature pas nos intentions et qu'on connaisse notre programme.

Je demande qu'on sache bien que nous voulons préparer à notre pays une constitution sociale franchement, fermement chrétienne, pénétrée des principes catholiques, et qui puisse servir de point d'appui à un gouvernement, chrétien comme elle, capable par là même de donner au peuple la justice qu'il réclame. *(Bravos. — Double salve d'applaudiss.)*

Voilà pourquoi, dès maintenant, je pense qu'il faut se mettre à l'œuvre : nous ne sommes pas des faiseurs de révolutions ; nous ne sommes pas les maîtres des événements ; en attendant ceux que Dieu nous tient en réserve, nous ne pouvons pas, nous ne devons pas nous désintéresser. Les principes, les lois de l'Église sont de tous les temps, de tous les régimes ; les intérêts, les besoins, les souffrances du peuple sont plus pressants que jamais ; plaçons-nous nettement, hardiment sur ce terrain.

Je demande la permission de le dire, avec une franchise qu'ils me pardonneront, à ceux de mes amis qui ne croient pas que ce soit le véritable, le meilleur terrain de la lutte. Je crois qu'ils se trompent, qu'ils s'illusionnent, qu'ils s'attardent dans une politique infructueuse.

Ma conviction, c'est que, si nous voulons être forts, forts non-seulement par les principes, mais aussi par l'action, il faut nous déclarer hautement catholiques, et si nous voulons que le peuple nous entende, qu'il prenne confiance en nous, il faut nous placer sur un terrain qu'il puisse aborder avec nous, sur le terrain où s'agitent ses intérêts, ses espérances et ses passions elles-mêmes, où se heurtent ces questions sociales qui sont des questions de vie ou de mort non-seulement pour lui, mais pour le pays tout entier. *(Applaudissements.)*

J'écoute attentivement ce que disent les socialistes révolutionnaires ; je lis les discours, les manifestes, les proclamations électorales. Sans doute, il y a là des revendications extrêmes ; il y a des chimères, des utopies ; il y a des dangers terribles, il y a le programme du plus redoutable despotisme ; mais il y a aussi autre chose. Je vous parlais de ces évêques du Nouveau Monde qui sont venus, ici, visiter les ouvriers chrétiens. L'un deux m'a dit une parole frappante : on parlait des socialistes et de leurs revendications : « Prenez garde ! s'est-il écrié, l'ennemi s'empare de vos richesses, hâtez-vous de les lui reprendre. »

Messieurs, l'évêque de Saint-Paul avait raison. Une des raisons qui font la force des socialistes vis-à-vis du peuple, c'est qu'ils ont fondé leurs revendications sur un sentiment naturellement gravé dans le cœur de l'ouvrier qui souffre, c'est qu'ils ont promis un idéal de justice qu'autrefois, dans les siècles passés, l'Eglise catholique avait donné au peuple chrétien. *(Vifs applaudissements.)*

Voilà pourquoi le terrain social appartient aux catholiques, s'ils veulent s'y placer résolument ; ce n'est pas assez pour eux de réclamer un minimum de libertés et de se défendre contre la persécution ; ils ont autre chose à réclamer, autre chose à revendiquer ; ils ont à faire connaître au peuple ce que c'est que l'Église, ce qu'elle a fait pour lui, ce qu'elle est prête à faire encore ; à opposer ses bienfaits à la banqueroute de la Révolution et à faire luire ainsi devant ses yeux l'aurore des temps nouveaux. *(Bravos et applaudissements.)*

Messieurs, je crois à cet avenir. Je ne suis point de ceux qui désespèrent de leur pays et qui consentent à pleurer son irrémédiable décadence. Je crois fermement à son salut, et, de quelque illusion qu'on puisse accuser ma confiance, dans l'état où est aujourd'hui la France, je crois qu'elle reviendra à la foi catholique et aux principes de l'ordre social chrétien : je le crois, et ce sera votre éternel honneur, à vous, mes amis des Cercles catholiques, d'avoir marché, dans ce grand mouvement, courageusement à l'avant-garde. (*Vifs applaudissements.*)

Ah ! certes ! vous voilà en bien petit nombre, si on vous compare à la masse populaire. Demain, si on s'occupe de nous, on dira : « Il y avait dans la salle de Saint-Mandé, 500 ouvriers ; » les amis le diront avec satisfaction ; les autres avec raillerie ; encore faudra-t-il qu'on le constate et qu'on en finisse avec la plaisanterie ordinaire de la presse radicale sur nos congrès où il ne manque que des ouvriers. (*Rires et applaudissements.*) Cette fois les voilà bien, en chair et en os, de vrais ouvriers, aussi vrais et plus sérieux peut-être que ceux des banquets révolutionnaires (*applaudissements*), et qui témoignent assez haut de leur accord étroit, intime avec nous. (*Nouveaux applaudissements.*)

Cinq ou six cents, ce n'est rien sans doute à Paris, et y joindrait-on les milliers que nous sommes en France, et qui sont cependant une force respectable, je conviens que ce n'est pas la foule, que c'est seulement un noyau d'hommes. Mais, Messieurs, jamais la foule n'a décidé de rien ; jamais le nombre n'a conduit les nations, il suit ceux qui le mènent : quelques hommes convaincus et déterminés suffisent à semer une idée et à transformer le monde. (*Vifs applaudissements.*)

C'est l'histoire de toutes les révolutions, de toutes les transformations sociales ; ce sera la vôtre demain, si vous le voulez ; ce sera la vôtre si, fidèles à votre programme, sachant où vous allez, le disant bien haut, vous marchez toujours de l'avant, sans faiblesse et sans défaillance, comme une troupe qui fait brèche dans les rangs de l'ennemi.

C'est ainsi que vous vaincrez, et je ne crains pas alors,

quand par vous, par votre impulsion, par votre exemple, la société chrétienne sera rétablie dans ce pays, je ne crains pas qu'après cent ans écoulés on puisse dénoncer la faillite du programme catholique et la banqueroute de la contre-Révolution. (*Bravos et applaudissements.*)

Je ne le crains pas, et c'est pourquoi je finis comme j'ai commencé, en buvant avec confiance à la délivrance et à l'affranchissement du peuple. (*Acclamations. — Triple salve d'applaudissements.*)

Montpellier, imprimerie Grollier et fils, boulevard du Peyrou.

www.ingramcontent.com/pod-product-compliance
Lightning Source LLC
Chambersburg PA
CBHW061235050726
47594CB00009B/3892